Autoridade digital: estratégias para escritórios de contabilidade atraírem clientes com conteúdo

Copyright © 2024 Reginaldo Osnildo
Todos os direitos reservados.

APRESENTAÇÃO

INTRODUÇÃO AO MARKETING DE CONTEÚDO PARA CONTADORES

DEFININDO SEU PÚBLICO-ALVO

PERSONAL BRANDING PARA CONTADORES

O PODER DO BLOGGING NA CONTABILIDADE

SEO PARA SITES DE CONTABILIDADE

CRIANDO CONTEÚDO DE VALOR

ENGAJAMENTO NAS REDES SOCIAIS

MARKETING DE VÍDEO PARA CONTADORES

E-MAIL MARKETING EFETIVO PARA CONTADORES

ANÚNCIOS ONLINE

ANÁLISE DE DADOS E MÉTRICAS

FERRAMENTAS DIGITAIS PARA CONTADORES

GESTÃO DE REPUTAÇÃO ONLINE

NETWORKING E PARCERIAS ONLINE

COMPLIANCE E ÉTICA DIGITAL

WEBINARS E SEMINÁRIOS ONLINE

PRODUÇÃO DE MATERIAIS RICOS

TÉCNICAS DE COPYWRITING PARA CONTADORES

OTIMIZAÇÃO DE CONVERSÃO PARA SITES DE CONTABILIDADE

ESTRATÉGIAS DE CONTEÚDO SEGMENTADO

FEEDBACK DOS CLIENTES

FUTURO DO MARKETING DIGITAL NA CONTABILIDADE

CHECKLIST DE MARKETING DIGITAL PARA CONTADORES

PLANO DE AÇÃO DE 30 DIAS

REGINALDO OSNILDO

APRESENTAÇÃO

Seja muito bem-vindo a um caminho transformador onde a contabilidade encontra o vasto e dinâmico mundo digital. Este livro, "**Autoridade digital: estratégias para escritórios de contabilidade atraírem clientes com conteúdo**", foi meticulosamente elaborado pensando em você – o contador moderno que busca não apenas sobreviver, mas prosperar na era digital.

Neste momento, você pode estar se perguntando: "Por que este livro é diferente?" A resposta é simples, mas poderosa. Ao longo dessas páginas, não apenas compartilharei estratégias práticas de marketing de conteúdo ajustadas à realidade contábil, mas também trarei minha percepção única para atualizar os conceitos tradicionais, tornando-os relevantes para os dias de hoje. Este livro é o resultado de uma síntese cuidadosa de conhecimento e experiência, projetado para facilitar a sua jornada rumo à excelência digital.

Você está prestes a embarcar em uma jornada que abrange desde a fundação de uma presença digital eficaz até a expansão da sua autoridade online através de conteúdo engajador. Este livro é seu guia para atrair mais clientes, estabelecer confiança e posicionar-se como um líder de pensamento no setor contábil. Com estratégias práticas distribuídas ao longo de capítulos coesos e completos, você descobrirá como personalizar sua marca, otimizar seu site para os motores de busca, criar conteúdo de valor, engajar-se nas redes sociais, e muito mais.

A cada capítulo, você será convidado a explorar o próximo, num fluxo que garante a continuidade do aprendizado e a aplicabilidade imediata das estratégias discutidas. Este livro foi projetado para ser seu companheiro constante na busca por excelência digital, fornecendo não apenas teoria, mas também ação prática.

Ao final desta jornada, você não só terá adquirido conhecimento, mas também terá implementado estratégias que transformarão seu modo de operar no mundo digital. Este é um convite para você, contador, dar um passo adiante, abraçar as mudanças e se tornar uma referência no setor contábil online.

Então, está pronto para começar essa transformação? Vamos juntos estabelecer e ampliar sua autoridade digital, conquistando um lugar de destaque no mundo contábil. Prepare-se para adentrar ao primeiro capítulo, onde discutiremos a "introdução ao marketing de conteúdo para contadores" e entenderemos a importância de uma presença digital eficaz. Esta é apenas a porta de entrada para o vasto universo de possibilidades que aguardam por você.

Boa leitura e uma jornada de sucesso,

Atenciosamente

Prof. Dr. Reginaldo Osnildo

INTRODUÇÃO AO MARKETING DE CONTEÚDO PARA CONTADORES

No universo contábil, o marketing de conteúdo surge como uma ferramenta poderosa para estabelecer conexões genuínas, atrair clientes ideais e consolidar a sua autoridade no mercado. Neste capítulo, vamos explorar como você, contador, pode utilizar o marketing de conteúdo para criar uma presença digital impactante e eficaz. Vamos juntos desvendar a importância de uma estratégia bem elaborada e como ela pode transformar a maneira como você se conecta com seu público-alvo.

A ERA DIGITAL NA CONTABILIDADE

O advento da internet mudou radicalmente a forma como nos comunicamos, buscamos informações e tomamos decisões. Para os profissionais de contabilidade, isso significa que a maioria dos seus potenciais clientes está online, navegando em busca de soluções para suas dúvidas e necessidades contábeis. Aqui reside a oportunidade: ao posicionar-se como uma fonte confiável e autorizada de informações contábeis, você não só atrai clientes, mas também constrói uma relação de confiança e credibilidade.

O QUE É MARKETING DE CONTEÚDO?

Marketing de conteúdo é uma estratégia de marketing focada na criação e distribuição de conteúdo relevante, valioso e consistente para atrair e reter um público claramente definido — e, por fim, para impulsionar ações lucrativas dos clientes. No contexto da contabilidade, isso significa educar seus potenciais clientes sobre temas como gestão financeira, impostos, planejamento tributário e muito mais, utilizando conteúdos que respondam às suas perguntas e necessidades.

POR QUE MARKETING DE CONTEÚDO PARA CONTADORES?

- **Estabelece autoridade:** Compartilhar seu conhecimento especializado ajuda a posicionar você como uma autoridade no seu campo, o que é crucial para ganhar a confiança dos seus clientes.

- **Constrói relacionamentos:** Ao fornecer informações úteis e relevantes, você cria um vínculo com seu público, que passa a vê-lo não apenas como um prestador de serviços, mas como um parceiro confiável.

- **Melhora a visibilidade online:** Conteúdo de qualidade é também uma ferramenta eficaz de SEO (Search Engine Optimization), ajudando seu site a se destacar nas buscas online.

- **Gera leads qualificados:** Ao atrair visitantes interessados no seu conteúdo, você aumenta as chances de converter esses visitantes em clientes.

PRIMEIROS PASSOS NO MARKETING DE CONTEÚDO

- **Conheça seu público:** Antes de começar a produzir conteúdo, é fundamental entender quem é seu público-alvo, quais são seus problemas, necessidades e como você pode ajudá-los.

- **Defina seus objetivos:** O que você espera alcançar com o marketing de conteúdo? Seja aumentar o reconhecimento da marca, gerar leads ou estabelecer autoridade, ter objetivos claros é crucial.

- **Crie conteúdo de valor:** Seu conteúdo deve ser útil, educativo e interessante para o seu público. Pergunte-se: "Isso acrescenta valor para meu leitor?"

- **Promova seu conteúdo:** A criação de conteúdo é apenas metade da batalha. Utilize e-mail marketing, redes sociais e outras estratégias para garantir que seu conteúdo alcance seu público.

Ao embarcar na jornada do marketing de conteúdo, lembre-se de que a consistência e a qualidade são chaves para o sucesso. Não se trata apenas de publicar conteúdo, mas de criar conexões reais e duradouras com seu público.

Agora que você compreende a importância do marketing de

conteúdo na construção de sua autoridade online como contador, é hora de mergulhar mais fundo e entender quem é realmente seu público-alvo. No próximo capítulo, exploraremos técnicas para identificar e compreender as necessidades específicas dos seus clientes ideais, garantindo que seu conteúdo seja tão relevante e impactante quanto possível. Preparado para dar o próximo passo? Vamos juntos desvendar os segredos para conectar-se efetivamente com seu público e transformar sua presença digital.

DEFININDO SEU PÚBLICO-ALVO

Compreender profundamente quem é seu público-alvo representa o alicerce sobre o qual todas as suas estratégias de marketing de conteúdo serão construídas. Sem essa compreensão, mesmo o conteúdo mais bem elaborado pode não atingir seu potencial máximo. Neste capítulo, você aprenderá a identificar e entender as necessidades específicas dos seus clientes ideais, criando uma conexão genuína e direcionada que transformará seus esforços de marketing digital.

A IMPORTÂNCIA DE CONHECER SEU PÚBLICO-ALVO

Antes de tudo, é crucial entender por que conhecer seu público-alvo é tão importante:

- **Comunicação eficaz:** Ao saber exatamente com quem está falando, você pode adaptar sua linguagem, tom e mensagem para ressonar mais profundamente com seu público.

- **Conteúdo relevante:** Conhecendo as dores, desejos e necessidades do seu público, você pode criar conteúdo que fale diretamente aos seus interesses, aumentando o engajamento e a retenção.

- **Decisões estratégicas:** Com uma clara definição do seu público, você pode tomar decisões mais informadas sobre quais canais de marketing investir, que tipo de conteúdo produzir e como otimizar suas campanhas para melhor ROI (Retorno sobre Investimento).

IDENTIFICANDO SEU PÚBLICO-ALVO

- **Analise seus clientes atuais:** Quem são seus clientes mais valiosos? Quais características eles têm em comum? Essas informações são ponto de partida valioso.

- **Pesquise o mercado:** Utilize pesquisas de mercado e ferramentas online para entender melhor as características demográficas, psicográficas e comportamentais do seu público ideal.

- **Crie personas:** Baseando-se nas informações coletadas, crie "personas" detalhadas, que são representações semifictícias do seu cliente ideal. Inclua detalhes como idade, profissão, interesses, desafios e objetivos.

- **Feedback direto:** Não subestime o poder do feedback direto. Conversar com seus clientes atuais ou potenciais pode revelar insights valiosos sobre suas necessidades e como você pode atendê-las.

ENTENDENDO AS NECESSIDADES DO SEU PÚBLICO

Após identificar quem é seu público-alvo, o próximo passo é entender profundamente suas necessidades. Isso pode ser alcançado através de:

- **Análise de comportamento online:** Ferramentas como o Google Analytics podem mostrar como os visitantes interagem com seu site, quais páginas eles visitam mais e como chegam até você.

- **Pesquisa de palavras-chave:** Descubra quais termos seu público-alvo está usando em buscas online. Isso pode indicar as informações que eles estão procurando.

- **Solicitação de feedback:** Pesquisas e questionários direcionados podem ajudar a coletar informações sobre os desafios e necessidades específicas do seu público.

APLICANDO O CONHECIMENTO SOBRE SEU PÚBLICO

Com um entendimento claro do seu público-alvo e de suas necessidades, você está agora em uma posição forte para:

- **Produzir conteúdo direcionado:** Crie conteúdo que aborde as questões específicas do seu público, seja através de blog posts, vídeos, webinars ou infográficos.

- **Personalizar a comunicação:** Adapte sua comunicação para falar diretamente com seu público, utilizando os canais preferidos por eles, como e-mail, redes sociais ou podcasts.

- Desenvolver ofertas atraentes: Desenvolva serviços ou ofertas que atendam às necessidades específicas do seu público, aumentando as chances de conversão.

Agora que você entende a importância de definir e conhecer seu público-alvo, está na hora de se aprofundar em como você pode destacar sua expertise e construir uma marca pessoal forte no próximo capítulo. "Personal branding para contadores" explorará como você pode se posicionar como um líder de pensamento no setor contábil, utilizando sua marca pessoal para atrair ainda mais seu público ideal. Este é um passo essencial para estabelecer confiança e credibilidade, fundamentais na jornada para ampliar sua autoridade digital. Preparado para descobrir como sua marca pessoal pode fazer a diferença? Vamos nessa!

PERSONAL BRANDING PARA CONTADORES

No mundo da contabilidade, onde a competição é acirrada e os serviços muitas vezes parecem similares aos olhos dos potenciais clientes, desenvolver uma marca pessoal forte é mais do que uma vantagem competitiva – é uma necessidade. Neste capítulo, exploraremos como você pode construir e fortalecer sua marca pessoal, de modo a destacar sua expertise, construir confiança e, finalmente, atrair e reter mais clientes.

A IMPORTÂNCIA DO PERSONAL BRANDING

Personal branding refere-se à prática de promover a si mesmo e à sua carreira como uma marca. É o processo de estabelecer uma imagem pública distinta e uma identidade profissional que comunica sua singularidade, seus valores e a promessa do que você oferece. Para contadores, isso significa transmitir sua expertise, confiabilidade e o valor único que você traz para seus clientes.

PASSOS PARA CONSTRUIR SUA MARCA PESSOAL

1 - **Defina sua proposta de valor:** Identifique o que o diferencia dos outros no campo contábil. Isso pode incluir especializações específicas, uma abordagem única para o serviço ao cliente ou uma filosofia de negócios distinta.

2 - **Conheça seu público-alvo:** Baseado no capítulo anterior, use seu conhecimento sobre seu público para moldar sua marca pessoal de maneira que ressoe com eles.

3 - **Comunique sua história:** Sua história pessoal e profissional é uma ferramenta poderosa de branding. Compartilhe sua jornada, desafios superados e sucessos alcançados de forma autêntica.

4 - **Consistência é chave:** Garanta que todos os seus pontos de contato online (site, redes sociais, blog) e offline (networking, cartões de visita) comuniquem sua marca pessoal de forma consistente.

5 - **Eduque e ofereça valor:** Produza conteúdo que eduque seu público sobre temas contábeis importantes para eles. Isso estabelece sua autoridade e mostra seu compromisso em agregar valor.

6 - **Engaje-se com sua comunidade:** Participe de eventos, webinars e fóruns, tanto como espectador quanto como palestrante. Isso aumenta sua visibilidade e reforça sua posição como especialista.

7 - **Feedback e ajustes:** Esteja aberto ao feedback e esteja preparado para ajustar sua estratégia de marca pessoal conforme necessário. O personal branding é um processo contínuo.

A MARCA PESSOAL NA PRÁTICA

Vamos considerar o exemplo de um contador especializado em startups de tecnologia. Sua proposta de valor pode ser sua profunda compreensão das necessidades financeiras e fiscais específicas dessas empresas. Ele pode comunicar isso através de um blog com dicas de contabilidade para startups, participação ativa em eventos de tecnologia e oferecendo consultorias gratuitas iniciais para startups locais. Cada ação reforça sua marca como o "contador das startups de tecnologia".

O IMPACTO DO PERSONAL BRANDING

Um personal branding bem executado pode ter um impacto significativo:

- **Diferenciação:** Em um mercado saturado, sua marca pessoal pode ser o diferencial que atrai clientes para você em vez de para um concorrente.

- **Confiança e credibilidade:** Ao demonstrar consistentemente sua expertise, você constrói confiança com seu público, o que é essencial para a conversão de prospects em clientes.

- **Valor percebido:** Uma marca pessoal forte pode permitir que você comande preços mais altos por seus serviços, refletindo o valor percebido maior que você oferece.

Agora que você compreende a importância do personal branding e como começar a construir sua marca pessoal, é hora de explorar uma das ferramentas mais eficazes para comunicar sua marca e expertise: o blogging. No próximo capítulo, "o poder do blogging na contabilidade", vamos mergulhar nas estratégias para criar um blog de sucesso, que não apenas atraia e retenha clientes, mas também fortaleça sua presença online e sua autoridade no setor. Está pronto para transformar suas palavras em uma ferramenta poderosa de marketing? Vamos em frente!

O PODER DO BLOGGING NA CONTABILIDADE

Blogging é uma ferramenta incrivelmente poderosa no arsenal do marketing digital para contadores. Ele não só serve como um veículo para compartilhar sua expertise e conhecimento com um público mais amplo, mas também atua como um imã para atrair clientes potenciais para o seu site. Neste capítulo, vamos explorar como você pode utilizar o blogging para criar um blog de sucesso que não apenas atraia e retenha clientes, mas que também solidifique sua presença online e estabeleça sua autoridade no setor contábil.

POR QUE O BLOGGING É ESSENCIAL PARA CONTADORES

- **Estabelece autoridade:** Publicar artigos bem pesquisados e informativos sobre contabilidade e finanças estabelece você como uma autoridade em seu campo.

- **Melhora a SEO:** Blogs regulares, ricos em palavras-chave, ajudam a melhorar o ranking do seu site nos motores de busca, tornando mais fácil para potenciais clientes encontrá-lo.

- **Constrói relacionamentos:** Ao fornecer informações valiosas gratuitamente, você constrói um relacionamento com seus leitores, que podem vir a ser clientes.

- **Demonstra competência:** Discutir tópicos complexos de forma clara e acessível demonstra sua competência e habilidade para lidar com questões contábeis.

COMO CRIAR UM BLOG DE SUCESSO

- **Escolha os tópicos certos:** Foque em tópicos que são não apenas relevantes para sua área de especialização, mas também de interesse para seu público-alvo. Isso pode incluir tendências da indústria, dicas de planejamento fiscal, orientações para startups, entre outros.

- **Mantenha a qualidade e consistência:** Publique conteúdo regularmente, mas não sacrifique a qualidade pela quantidade. Artigos bem escritos, informativos e precisos são fundamentais.

- Otimize para SEO: Use palavras-chave relevantes, meta-descrições e títulos atraentes. Isso não só melhora sua visibilidade nos motores de busca, mas também atrai mais leitores para o seu blog.

- Inclua chamadas para ação: Cada post deve incluir uma chamada para ação, incentivando os leitores a se engajarem mais profundamente com seu conteúdo, seja através de comentários, compartilhamentos ou inscrições em newsletters.

- Promova seu blog: Utilize as redes sociais, e-mail marketing e sua rede profissional para promover seus posts. A promoção é chave para alcançar um público mais amplo.

- Interaja com seus leitores: Responda a comentários e perguntas. A interação não só constrói relacionamentos, mas também incentiva a fidelidade e o engajamento.

EXEMPLO DE SUCESSO

Considere o caso de um contador especializado em pequenas empresas. Ao focar seu blog em questões fiscais e contábeis comuns enfrentadas por pequenos empresários, desde a simplificação do processo de contabilidade até estratégias para otimizar impostos, ele não apenas atrai um público-alvo específico, mas também estabelece uma reputação como o "especialista em contabilidade para pequenas empresas".

DESAFIOS DO BLOGGING

- Manter a consistência: Produzir conteúdo regularmente pode ser um desafio, especialmente para profissionais ocupados.

- Encontrar tópicos relevantes: Identificar assuntos que sejam de interesse constante para seu público pode exigir pesquisa e insight.

- **Medir o retorno sobre o investimento (ROI):** Avaliar o impacto direto do blogging nos negócios pode ser complexo, mas métricas como tráfego do site, engajamento e conversões podem oferecer insights valiosos.

Agora que você compreende o poder do blogging na contabilidade, o próximo capítulo levará sua presença digital ainda mais longe, explorando "SEO para sites de contabilidade". Aprenderemos como otimizar seu site e conteúdo para garantir que você seja encontrado por potenciais clientes quando eles procurarem por serviços contábeis online. Pronto para aumentar sua visibilidade online e atrair mais clientes? Vamos mergulhar no mundo do SEO.

SEO PARA SITES DE CONTABILIDADE

No mundo digital de hoje, ser encontrado online por potenciais clientes é mais crucial do que nunca, especialmente para contadores e profissionais de contabilidade. A otimização para mecanismos de busca, ou SEO, é a chave para melhorar sua visibilidade online e garantir que seu site seja facilmente encontrado por aqueles que buscam os serviços que você oferece. Este capítulo mergulha nas estratégias de SEO específicas para sites de contabilidade, ajudando você a atrair mais visitantes qualificados e converter esses visitantes em clientes.

ENTENDENDO O SEO

SEO envolve um conjunto de práticas projetadas para melhorar a posição do seu site nos resultados dos mecanismos de busca, como Google e Bing. Isso é crucial porque a maioria das pessoas não passa da primeira página de resultados ao procurar por serviços. Portanto, quanto mais alta a classificação do seu site, maior a probabilidade de ser encontrado.

ESTRATÉGIAS DE SEO PARA CONTADORES

- **Pesquisa de palavras-chave:** Identifique as palavras-chave que seus potenciais clientes estão usando para encontrar serviços contábeis. Ferramentas como Google Keyword Planner e SEMrush podem ajudar. Concentre-se em termos específicos do setor e também em palavras-chave de cauda longa, que são mais específicas e menos competitivas.

- **Otimização on-page:** Certifique-se de que seu site esteja otimizado para as palavras-chave escolhidas. Isso inclui a inclusão dessas palavras-chave nos títulos das páginas, cabeçalhos, meta descrições e no corpo do texto. A otimização de imagens também é importante, garantindo que elas tenham tamanhos de arquivo reduzidos e sejam marcadas com texto alternativo relevante.

- **Conteúdo de qualidade:** Produza conteúdo regular e relevante que responda às perguntas e necessidades do seu público-alvo. Blogs, artigos e estudos de caso não só ajudam a melhorar sua classificação nos mecanismos de busca, mas também estabelecem sua autoridade e conhecimento no setor.

- **Experiência do usuário:** O Google valoriza sites que oferecem uma boa experiência ao usuário, incluindo carregamento rápido de páginas, fácil navegação e design responsivo que funciona bem em dispositivos móveis.

- **Construção de links:** Obtenha links de outros sites confiáveis para o seu. Isso pode ser alcançado através da criação de conteúdo compartilhável, relações públicas digitais e listagens em diretórios de negócios relevantes.

- **SEO local:** Para contadores que servem principalmente clientes em uma área geográfica específica, o SEO local é essencial. Isso inclui otimizar sua listagem no Google Meu Negócio e garantir que suas informações de contato estejam consistentes em toda a web.

MEDINDO O SUCESSO

Monitorar o desempenho do seu site é crucial para entender o impacto das suas estratégias de SEO. Ferramentas como Google Analytics e Google Search Console podem fornecer insights valiosos sobre tráfego, classificações de palavras-chave, comportamento do usuário e muito mais. Use essas informações para ajustar sua estratégia conforme necessário.

DESAFIOS COMUNS

- **Mudanças nas diretrizes de SEO:** Os mecanismos de busca frequentemente atualizam seus algoritmos. Manter-se informado sobre essas mudanças é crucial para manter ou melhorar sua classificação.

- **SEO é um investimento a longo prazo:** Os resultados significativos de SEO podem levar tempo. É um compromisso contínuo, não uma solução rápida.

Agora que você tem uma base sólida sobre como otimizar seu site para mecanismos de busca, o próximo passo é aprender a criar conteúdo que não apenas melhore seu SEO, mas que também ofereça valor real aos seus visitantes. No próximo capítulo, "criando conteúdo de valor", exploraremos estratégias para desenvolver conteúdos que respondam às dúvidas e necessidades dos seus clientes, reforçando ainda mais sua autoridade e confiança no setor contábil. Preparado para elevar seu conteúdo a um novo nível? Vamos lá.

CRIANDO CONTEÚDO DE VALOR

O coração de qualquer estratégia de marketing de conteúdo eficaz, especialmente no setor contábil, é a capacidade de criar conteúdo que traga valor genuíno aos seus clientes e público-alvo. Este capítulo se dedica a explorar como você pode desenvolver conteúdos que não apenas respondam às dúvidas e necessidades dos seus clientes, mas que também reforcem sua autoridade e credibilidade no setor, promovendo engajamento e fidelização.

O QUE CONSTITUI CONTEÚDO DE VALOR?

Conteúdo de valor é aquele que resolve problemas, responde perguntas ou oferece insights e informações que o público não pode encontrar facilmente em outro lugar. No contexto da contabilidade, isso pode significar desde artigos detalhados sobre as últimas mudanças fiscais até tutoriais passo a passo sobre como melhorar a gestão financeira de pequenos negócios.

ESTRATÉGIAS PARA DESENVOLVER CONTEÚDO DE VALOR

- **Entenda seu público:** Retomando o capítulo sobre definir seu público-alvo, use esse conhecimento para criar conteúdo que fale diretamente às suas preocupações, necessidades e interesses específicos.

- **Mantenha-se atualizado:** No setor contábil, as leis e normativas estão constantemente mudando. Mantenha-se atualizado e compartilhe essas atualizações com seu público de maneira compreensível.

- **Use dados e exemplos reais:** Enriqueça seu conteúdo com estudos de caso, exemplos reais e dados que demonstrem claramente os pontos que você está discutindo. Isso não apenas aumenta a credibilidade do conteúdo, mas também torna mais tangível para seu público.

- **Formatos diversificados:** Varie os formatos do seu conteúdo. Além de artigos e posts de blog, considere vídeos, infográficos, podcasts e webinars. Diferentes formatos podem atender a diferentes preferências de aprendizado e engajamento do seu público.

- **Interatividade e engajamento:** Inclua questionários, enquetes e chamadas para ação que encorajem a interação com seu conteúdo. Isso pode aumentar o engajamento e fornecer feedback valioso sobre os interesses e necessidades do seu público.

- **Otimização para SEO:** Ao criar conteúdo de valor, não esqueça de otimizá-lo para os mecanismos de busca, conforme discutido no capítulo anterior. Isso assegura que seu público-alvo possa encontrar seu conteúdo quando buscar por tópicos relevantes online.

MEDINDO O IMPACTO DO SEU CONTEÚDO

Avaliar o sucesso do seu conteúdo é crucial para entender o que ressoa com seu público e ajustar sua estratégia conforme necessário. Use métricas como visualizações de página, tempo de permanência no site, taxas de conversão e engajamento nas redes sociais para medir o impacto do seu conteúdo.

DESAFIOS NA CRIAÇÃO DE CONTEÚDO DE VALOR

- **Consistência e qualidade:** Manter um fluxo constante de conteúdo de alta qualidade pode ser desafiador, especialmente para contadores com agendas cheias.

- **Encontrar temas relevantes:** Identificar continuamente novos tópicos que sejam tanto atuais quanto de interesse para seu público requer pesquisa e insight constante.

- **Medir ROI:** Embora essencial, pode ser difícil atribuir diretamente novos negócios ou clientes ao seu esforço de conteúdo, tornando o cálculo do retorno sobre o investimento uma tarefa complexa.

Com uma sólida compreensão de como criar conteúdo de valor, o próximo passo é aprender a promovê-lo e engajar com seu público nas plataformas onde eles passam tempo: as redes sociais. No próximo capítulo, "engajamento nas redes sociais", vamos explorar como utilizar estas plataformas para conectar-se com sua audiência, promover seu conteúdo e reforçar sua marca e autoridade online. Está pronto para ampliar seu alcance e engajamento? Vamos avançar.

ENGAJAMENTO NAS REDES SOCIAIS

As redes sociais são uma extensão vital do espaço digital onde os contadores podem ampliar seu alcance, engajar-se diretamente com o público e promover seu conteúdo valioso. Este capítulo destina-se a explorar as estratégias eficazes para utilizar as plataformas de redes sociais, não apenas para conectar-se com sua audiência, mas também para fortalecer sua marca pessoal e autoridade no setor contábil.

A IMPORTÂNCIA DAS REDES SOCIAIS PARA CONTADORES

Nas redes sociais, você tem a oportunidade de mostrar um lado mais pessoal da sua marca, tornando-a mais acessível e confiável. Essas plataformas permitem que você:

- **Comunique-se diretamente:** Com seu público, respondendo a perguntas, oferecendo conselhos e recebendo feedback.

- **Promova seu conteúdo:** Compartilhando seus artigos, vídeos e insights para direcionar o tráfego de volta ao seu site.

- **Construa comunidade:** Criando um espaço para discussões relevantes, apoio mútuo e compartilhamento de conhecimento.

ESTRATÉGIAS EFETIVAS PARA ENGAJAMENTO NAS REDES SOCIAIS

- **Escolha as plataformas certas:** Não é necessário estar em todas as plataformas. Escolha aquelas onde seu público-alvo é mais ativo. Para muitos contadores, LinkedIn, Twitter e Facebook são escolhas comuns.

- **Crie um calendário de conteúdo:** Planeje seus posts com antecedência. Isso ajuda a manter uma presença consistente e a garantir que você esteja cobrindo uma variedade de tópicos relevantes.

- **Interaja com seu público:** Responda a comentários,

perguntas e mensagens. A interação mostra que você valoriza sua comunidade e ajuda a construir relacionamentos mais fortes.

- **Utilize conteúdo visual:** Imagens, infográficos e vídeos tendem a ter um desempenho melhor nas redes sociais. Eles podem ajudar a explicar conceitos contábeis complexos de forma mais acessível.

- **Promova o engajamento:** Faça perguntas, crie enquetes e convide seu público a compartilhar suas próprias experiências. Isso pode aumentar a interatividade e o engajamento.

- **Monitore e ajuste:** Use as ferramentas de análise oferecidas pelas plataformas de redes sociais para monitorar o desempenho dos seus posts. Ajuste sua estratégia com base no que funciona melhor.

EXEMPLO DE ENGAJAMENTO BEM-SUCEDIDO

Imagine um contador que se especializa em serviços para freelancers e profissionais autônomos. Ele usa o LinkedIn para compartilhar dicas semanais sobre gestão financeira e preparação de impostos, enquanto no Instagram, ele posta infográficos visuais simplificando novas legislações fiscais. Respondendo ativamente às perguntas e comentários, ele constrói uma comunidade engajada e informada.

DESAFIOS DO ENGAJAMENTO NAS REDES SOCIAIS

- **Manter a consistência:** Publicar regularmente e interagir com o público pode ser desafiador, especialmente para profissionais com agendas cheias.

- **Conteúdo apropriado:** Encontrar o equilíbrio certo entre ser profissional e pessoal pode ser complicado, mas é crucial para construir uma marca autêntica e confiável.

- **Medir o ROI:** Determinar o retorno exato do investimento em redes sociais pode ser difícil, mas o foco deve estar na construção de relacionamentos e autoridade a longo prazo.

Com as estratégias de engajamento nas redes sociais bem encaminhadas, o próximo passo é explorar uma das formas mais eficazes de conteúdo digital: o vídeo. No próximo capítulo, "marketing de vídeo para contadores", discutiremos como você pode utilizar vídeos para educar, engajar e converter seu público-alvo, aproveitando o poder do storytelling visual para fortalecer ainda mais sua presença online. Preparado para dar vida à sua marca através do vídeo? Vamos prosseguir.

MARKETING DE VÍDEO PARA CONTADORES

O vídeo emergiu como uma das formas de conteúdo mais envolventes e eficazes na era digital, oferecendo uma maneira poderosa de comunicar complexidades, compartilhar insights e estabelecer uma conexão pessoal com seu público. Para contadores e profissionais da área contábil, incorporar o marketing de vídeo em sua estratégia de comunicação pode ser um diferencial, ajudando a educar, engajar e converter seu público de maneira mais efetiva. Neste capítulo, exploraremos como você pode utilizar o marketing de vídeo para destacar sua expertise, valor e a personalidade única da sua marca.

POR QUE VÍDEO?

- **Alto engajamento:** Vídeos têm a capacidade de capturar a atenção do público de forma mais eficaz do que textos ou imagens estáticas.

- **Complexidade simplificada:** Explique conceitos contábeis complicados de forma clara e acessível através de explicações visuais.

- **Conexão pessoal:** Vídeos permitem que você transmita sua personalidade e construa confiança ao "humanizar" sua marca.

- **Favorável ao SEO:** Vídeos podem melhorar o SEO do seu site, especialmente quando compartilhados no YouTube, que é de propriedade do Google.

COMO UTILIZAR VÍDEOS DE FORMA EFETIVA

- **Defina seu objetivo:** Cada vídeo deve ter um propósito claro, seja educar sobre um tópico específico, compartilhar novidades do setor ou promover um serviço.

- **Mantenha-o acessível:** Vídeos curtos e diretos tendem a funcionar melhor. Tente manter a maioria dos seus vídeos entre 2 a 5 minutos.

- **Foque na qualidade:** Invista em boa iluminação, áudio claro e edição profissional para garantir que seus vídeos tenham uma aparência e som de alta qualidade.

- **Inclua uma chamada para ação:** Encoraje os espectadores a se engajarem mais profundamente com sua marca, seja se inscrevendo no canal, visitando seu site ou entrando em contato para mais informações.

- **Diversifique os formatos:** Experimente diferentes tipos de vídeos, como tutoriais, perguntas e respostas, depoimentos de clientes e visões gerais de serviços.

- **Promova seus vídeos:** Compartilhe seus vídeos em seu site, redes sociais e newsletters para alcançar um público mais amplo.

EXEMPLOS DE VÍDEOS PARA CONTADORES

- **Tutoriais passo a passo:** Ideal para explicar processos contábeis complexos ou software de contabilidade.

- **Atualizações legislativas:** Compartilhe as mudanças nas leis fiscais e como elas afetam seus clientes.

- **Conselhos financeiros:** Ofereça dicas de gestão financeira e planejamento tributário.

- **Histórias de sucesso de clientes:** Depoimentos de clientes satisfeitos que destacam como seu serviço fez a diferença.

DESAFIOS DO MARKETING DE VÍDEO

- **Recursos necessários:** Produção de vídeo pode exigir mais tempo e recursos financeiros do que outros tipos de conteúdo.

- **Barreira técnica:** Aprender as habilidades de gravação e edição de vídeo pode representar uma curva de aprendizado para iniciantes.

- **Visibilidade e engajamento:** Como com qualquer

conteúdo, garantir que seus vídeos sejam vistos e engajem o público é um desafio constante.

Agora que exploramos como o marketing de vídeo pode ser uma ferramenta valiosa para construir sua presença online e engajar seu público, o próximo passo é olhar para uma das estratégias de marketing digital mais antigas, mas ainda incrivelmente eficazes: o e-mail marketing. No próximo capítulo, "e-mail marketing efetivo para contadores", discutiremos como utilizar o e-mail para manter um canal de comunicação direto e valioso com sua base de clientes, desde a captação de novos leads até a fidelização de clientes existentes. Preparado para maximizar seu alcance e impacto através do e-mail? Vamos adiante.

E-MAIL MARKETING EFETIVO PARA CONTADORES

E-mail marketing continua sendo uma das ferramentas mais poderosas e custo-efetivas para contadores e profissionais de contabilidade que buscam manter uma comunicação direta e significativa com sua base de clientes. Neste capítulo, vamos explorar como você pode utilizar o e-mail marketing não apenas para captar novos leads, mas também para nutrir e fidelizar seus clientes existentes, oferecendo conteúdo valioso e personalizado.

POR QUE E-MAIL MARKETING?

- **Acesso direto ao cliente:** O e-mail permite que você entregue sua mensagem diretamente na caixa de entrada de seu cliente, sem a distração e volatilidade das redes sociais.

- **Custo-efetivo:** Comparado a outras formas de marketing digital, o e-mail marketing oferece um dos melhores retornos sobre o investimento (ROI).

- **Personalização:** E-mails podem ser altamente personalizados, desde a segmentação de público até a personalização de mensagens baseadas no comportamento do usuário.

- **Medição de resultados:** Ferramentas de e-mail marketing oferecem análises detalhadas sobre aberturas, cliques e conversões, permitindo ajustes estratégicos.

ESTRATÉGIAS PARA UM E-MAIL MARKETING EFETIVO

- **Construa sua lista de e-mails:** Nunca compre listas de e-mails. Em vez disso, construa a sua organicamente, incentivando inscrições através do seu site, blog e redes sociais.

- **Segmentação de público:** Divida sua lista de e-mails com base em critérios como tipo de serviço de interesse, localização ou estágio no ciclo de compra, para personalizar as mensagens de forma mais eficaz.

- **Forneça conteúdo de valor:** Envie newsletters regulares com atualizações do setor, dicas de contabilidade, lembretes de prazos importantes e acesso exclusivo a novos recursos.

- Design responsivo: Certifique-se de que seus e-mails sejam visualmente atraentes e fáceis de ler em dispositivos móveis, onde a maioria das pessoas acessa sua correspondência eletrônica.

- Chamadas para ação claras: Inclua chamadas para ação (CTAs) claras e convincentes, encorajando os leitores a tomarem o próximo passo, seja agendar uma consulta, baixar um recurso gratuito ou ler o último post do blog.

- Acompanhamento automatizado: Use sequências de e-mail automatizadas para nutrir leads ao longo do tempo, especialmente após baixarem um recurso ou se inscreverem para um webinar.

EXEMPLOS DE CAMPANHAS DE E-MAIL PARA CONTADORES

- Boletins informativos mensais: Mantenha seus clientes e leads informados sobre as últimas notícias e insights do setor contábil.

- Série de e-mails educativos: Crie uma série de e-mails abordando tópicos fundamentais de contabilidade para pequenas empresas, freelancers ou startups, dependendo do seu público-alvo.

- Lembretes de final de ano fiscal: Envie lembretes personalizados sobre prazos importantes e dicas de planejamento tributário.

DESAFIOS DO E-MAIL MARKETING

- Sobrecarga de e-mails: Muitas pessoas recebem uma grande quantidade de e-mails diariamente, então fazer com que o seu se destaque é essencial.

- Manutenção da lista: Manter uma lista de e-mails limpa e engajada requer esforço contínuo, incluindo a remoção de inscritos inativos e o ajuste da segmentação.

- **Conteúdo relevante:** Criar conteúdo que seja ao mesmo tempo relevante e engajante para diferentes segmentos do seu público pode ser desafiador, mas é crucial para o sucesso das campanhas.

Com as bases do e-mail marketing estabelecidas, é hora de explorar outro componente vital da sua estratégia de marketing digital: a publicidade online. No próximo capítulo, "anúncios online", discutiremos como você pode utilizar a publicidade paga para alcançar uma audiência maior e mais segmentada, maximizando sua visibilidade e atração de clientes potenciais. Está pronto para amplificar seu alcance com anúncios online? Vamos mergulhar nessa estratégia.

ANÚNCIOS ONLINE

Em um mundo digital cada vez mais saturado, destacar-se e alcançar seu público-alvo específico requer não apenas estratégias orgânicas, mas também o uso inteligente de anúncios online. Para contadores e profissionais da área contábil, a publicidade paga pode ser um meio eficaz de alcançar uma audiência maior e mais segmentada, direcionando tráfego qualificado para seu site ou ofertas específicas. Neste capítulo, exploraremos como você pode aproveitar ao máximo os anúncios online para ampliar sua presença digital e atrair mais clientes potenciais.

A IMPORTÂNCIA DOS ANÚNCIOS ONLINE PARA CONTADORES

- **Alcance direcionado:** Os anúncios online permitem que você alcance pessoas específicas com base em critérios como localização, interesses, comportamento online e mais, aumentando as chances de alcançar aqueles que estão ativamente procurando por serviços contábeis.

- **Resultados mensuráveis:** Com anúncios online, você pode rastrear facilmente o desempenho de suas campanhas em tempo real, ajustando suas estratégias para maximizar o retorno sobre o investimento (ROI).

- **Flexibilidade de orçamento:** Você pode começar com qualquer orçamento, ajustando-o conforme necessário para otimizar os resultados. Isso torna a publicidade online acessível mesmo para pequenos escritórios de contabilidade ou contadores independentes.

ESTRATÉGIAS EFICAZES PARA ANÚNCIOS ONLINE

- **Google Ads:** Aproveite a pesquisa paga para aparecer nos resultados de busca quando potenciais clientes estiverem procurando por serviços contábeis específicos. Use palavras-chave relevantes para seu público-alvo e sua oferta.

- **Anúncios no Facebook e Instagram:** Essas plataformas oferecem opções robustas de segmentação, permitindo que você direcione seus anúncios para o público exato que você deseja alcançar, baseado em dados demográficos, interesses e comportamentos.

- LinkedIn Ads: Para contadores focados em serviços corporativos ou B2B, o LinkedIn pode ser uma plataforma valiosa para anúncios, permitindo que você alcance decisores e profissionais em indústrias específicas.

- Remarketing: Use o remarketing para alcançar pessoas que visitaram seu site, mas não tomaram uma ação desejada, como agendar uma consulta ou inscrever-se em sua newsletter. Isso ajuda a manter sua marca na mente dos potenciais clientes.

- Crie landing pages otimizadas: Para cada campanha de anúncio, crie uma landing page específica que corresponda à mensagem do anúncio e encoraje uma ação clara, seja preencher um formulário de contato, baixar um recurso gratuito ou agendar uma consulta.

MEDINDO O SUCESSO DOS SEUS ANÚNCIOS ONLINE

Utilize ferramentas de análise para rastrear o desempenho dos seus anúncios, incluindo cliques, conversões, custo por aquisição (CPA) e retorno sobre o investimento (ROI). Ajuste suas campanhas com base nesses dados para melhorar continuamente seus resultados.

DESAFIOS DA PUBLICIDADE ONLINE

- Competição elevada: Dependendo do seu nicho, você pode enfrentar uma alta competição por palavras-chave e audiências, o que pode aumentar o custo dos anúncios.

- Manter a relevância: Assegurar que seus anúncios sejam relevantes e valiosos para o público-alvo requer teste contínuo e otimização.

Com uma compreensão sólida de como os anúncios online podem ser usados para expandir seu alcance, o próximo passo é mergulhar na análise de dados e métricas. No próximo capítulo, vamos explorar como medir o sucesso das suas estratégias de marketing digital, incluindo sua publicidade online, para otimizar continuamente seus esforços e garantir o melhor retorno sobre o investimento. Este conhecimento permitirá que você tome decisões baseadas em dados, ajustando suas estratégias para alcançar o máximo sucesso. Pronto para transformar dados em insights acionáveis? Vamos lá.

ANÁLISE DE DADOS E MÉTRICAS

A análise de dados e métricas é fundamental para entender o sucesso de suas estratégias de marketing digital, incluindo anúncios online, e-mail marketing, SEO e engajamento nas redes sociais. Este capítulo foca em como você, enquanto contador ou profissional de contabilidade, pode utilizar dados e métricas para avaliar a eficácia de suas campanhas, otimizar suas estratégias e assegurar o máximo retorno sobre o investimento (ROI).

A IMPORTÂNCIA DA ANÁLISE DE DADOS NO MARKETING DIGITAL

- **Tomada de decisão baseada em dados:** Utilizar dados reais para informar suas estratégias de marketing pode aumentar significativamente a eficácia de suas campanhas.

- **Identificação de tendências e padrões:** A análise de dados ajuda a identificar o que funciona (e o que não funciona), permitindo ajustes estratégicos que alinham melhor com as preferências do seu público.

- **Medição de ROI:** Compreender quais táticas oferecem o melhor retorno ajuda a alocar recursos de forma mais eficiente, maximizando seu orçamento de marketing.

MÉTRICAS CRUCIAIS A MONITORAR

- **Tráfego do site:** A quantidade de tráfego e as fontes desse tráfego (orgânico, pago, direto, referências) oferecem insights valiosos sobre a eficácia de suas estratégias de SEO e anúncios online.

- **Taxa de conversão:** A porcentagem de visitantes que realizam a ação desejada (como preencher um formulário de contato ou baixar um guia) ajuda a avaliar a eficácia das suas landing pages e chamadas para ação.

- **Custo por aquisição (CPA):** Quanto custa adquirir um novo cliente através de suas campanhas de marketing? Essa métrica é vital para entender a sustentabilidade de suas estratégias de anúncios pagos.

- Engajamento nas redes sociais: Métricas como curtidas, compartilhamentos, comentários e taxa de crescimento dos seguidores podem indicar o nível de envolvimento e interesse do seu público.

- Taxas de abertura e cliques em e-mails (CTRs): A taxa de abertura e o CTR dos seus e-mails indicam quão relevante e engajante seu público acha o conteúdo que você envia.

FERRAMENTAS DE ANÁLISE E MONITORAMENTO

- Google Analytics: Oferece uma visão abrangente do comportamento do usuário em seu site, incluindo tráfego, fontes de tráfego e conversões.

- Google Search Console: Ajuda a monitorar a visibilidade do seu site nos resultados de busca do Google, além de identificar problemas técnicos.

- Ferramentas de e-mail marketing: Plataformas como Mailchimp e Constant Contact oferecem análises detalhadas sobre o desempenho dos seus e-mails.

- Ferramentas de gestão de redes sociais: Ferramentas como Hootsuite e Buffer permitem monitorar o engajamento nas redes sociais e analisar o desempenho dos seus posts.

COMO USAR DADOS PARA OTIMIZAR ESTRATÉGIAS

- Teste A/B: Utilize teste A/B em e-mails, landing pages e anúncios para determinar quais versões geram melhor desempenho.

- Ajuste de segmentação de anúncios: Com base no desempenho dos anúncios, ajuste a segmentação para melhor alcançar seu público-alvo.

- Conteúdo personalizado: Use dados demográficos e de comportamento para personalizar o conteúdo de e-mails e ofertas, aumentando a relevância e a taxa de conversão.

- SEO e palavras-chave: Ajuste sua estratégia de conteúdo e SEO com base nas palavras-chave que geram mais tráfego e conversões.

DESAFIOS NA ANÁLISE DE DADOS

- **Sobrecarga de informação:** Com tantas métricas disponíveis, pode ser desafiador identificar quais são as mais importantes para focar.

- **Interpretação de dados:** Entender o que os dados realmente significam e como agir com base neles requer uma certa habilidade e experiência.

Armado com uma compreensão sólida de como analisar e utilizar dados para otimizar suas estratégias de marketing digital, o próximo passo é explorar as ferramentas digitais que podem facilitar e amplificar suas ações de marketing e operações diárias. No próximo capítulo, "ferramentas digitais para contadores", mergulharemos nas tecnologias e softwares que podem ajudar a simplificar processos, melhorar a eficiência e impulsionar o engajamento do cliente. Pronto para descobrir as ferramentas que transformarão seu negócio? Vamos em frente.

FERRAMENTAS DIGITAIS PARA CONTADORES

À medida que a contabilidade e o marketing digital se tornam cada vez mais entrelaçados, o uso eficaz de ferramentas digitais se torna essencial para contadores e profissionais da área contábil. Estas ferramentas não só simplificam os processos operacionais e de marketing, como também melhoram a eficiência, aumentam o engajamento do cliente e impulsionam o crescimento do negócio. Neste capítulo, exploraremos uma seleção de tecnologias e softwares que podem transformar sua prática contábil, desde a gestão de relacionamento com o cliente (CRM) até automação de marketing e ferramentas de análise financeira.

CRM (CUSTOMER RELATIONSHIP MANAGEMENT)

- **Salesforce:** Oferece uma solução abrangente de CRM que pode ser personalizada para as necessidades de qualquer escritório de contabilidade, facilitando a gestão de leads, clientes e oportunidades de vendas.

- **HubSpot:** Além de suas poderosas capacidades de CRM, o HubSpot fornece ferramentas integradas de marketing e vendas, tornando-o ideal para contadores que buscam uma abordagem de marketing unificada.

AUTOMAÇÃO DE MARKETING

- **Mailchimp:** Permite a criação, o envio e a análise de campanhas de e-mail marketing. Suas funcionalidades de automação economizam tempo ao enviar e-mails personalizados para segmentos específicos de sua lista.

- **ActiveCampaign:** Combina e-mail marketing, automação, vendas automatizadas e CRM. É particularmente útil para criar funis de vendas automatizados e segmentar contatos com precisão.

FERRAMENTAS DE ANÁLISE FINANCEIRA

- **QuickBooks:** Amplamente utilizado por contadores, o QuickBooks facilita a contabilidade, desde a folha de pagamento até o gerenciamento de fluxo de caixa e a preparação de impostos.

- **Xero:** Uma alternativa ao QuickBooks, o Xero é apreciado por sua interface amigável, automação de tarefas contábeis e integração com uma vasta gama de aplicativos de terceiros.

GERENCIAMENTO DE PROJETOS E COLABORAÇÃO

- **Asana:** Uma ferramenta de gerenciamento de projetos que ajuda equipes de contabilidade a organizar, rastrear e gerenciar seu trabalho, desde tarefas diárias até projetos de longo prazo.

- **Slack:** Facilita a comunicação interna, permitindo que equipes compartilhem arquivos, organizem conversas por tópicos e integrem ferramentas de terceiros para um fluxo de trabalho mais eficiente.

SEGURANÇA E ARMAZENAMENTO NA NUVEM

- **Dropbox Business:** Oferece soluções seguras de armazenamento na nuvem e compartilhamento de arquivos, garantindo que documentos importantes estejam sempre acessíveis e protegidos.

- **LastPass:** Um gerenciador de senhas que assegura que todas as suas contas de ferramentas digitais estejam protegidas por senhas fortes e únicas, minimizando o risco de violações de segurança.

DESAFIOS AO IMPLEMENTAR FERRAMENTAS DIGITAIS

- **Curva de aprendizado:** A adoção de novas tecnologias pode exigir tempo para treinamento e adaptação por parte da equipe.

- **Integração de sistemas:** Garantir que novas ferramentas se integrem de forma eficaz com sistemas existentes pode ser um desafio técnico.

- **Custo:** Embora muitas ferramentas ofereçam excelente ROI, o custo inicial e as assinaturas contínuas precisam ser considerados no orçamento.

Com um arsenal de ferramentas digitais ao seu dispor para otimizar suas operações e estratégias de marketing, o próximo passo é assegurar que sua reputação online esteja à altura de sua oferta de serviços de qualidade. No próximo capítulo, "gestão de reputação online", discutiremos estratégias para monitorar e melhorar sua presença digital, construindo confiança e credibilidade com seu público-alvo. Preparado para fortalecer sua reputação online? Vamos avançar.

GESTÃO DE REPUTAÇÃO ONLINE

A reputação online tornou-se um componente crucial do sucesso no mundo digital para contadores e profissionais de contabilidade. Uma reputação positiva constrói confiança e credibilidade, dois elementos essenciais para atrair e reter clientes. Este capítulo abordará como monitorar sua presença digital, gerenciar feedback dos clientes e implementar estratégias para melhorar sua reputação online.

MONITORAMENTO DA PRESENÇA DIGITAL

- **Alertas do Google:** Configure alertas para o nome da sua empresa, serviços e palavras-chave relacionadas para monitorar menções online e responder prontamente a quaisquer preocupações ou feedback negativo.

- **Ferramentas de monitoramento de mídias sociais:** Utilize ferramentas como Hootsuite ou Buffer para acompanhar o que está sendo dito sobre sua marca nas redes sociais e engajar-se com seu público de forma proativa.

GERENCIAMENTO DE FEEDBACK DOS CLIENTES

- **Solicite avaliações:** Encoraje clientes satisfeitos a deixar avaliações positivas em plataformas como Google Meu Negócio e redes sociais. Avaliações positivas aumentam sua visibilidade e credibilidade.

- **Responda a todas as avaliações:** Seja rápido e profissional ao responder a avaliações, tanto positivas quanto negativas. Demonstre que você valoriza o feedback e está disposto a fazer melhorias, se necessário.

- **Gerencie críticas de forma construtiva:** No caso de feedback negativo, aborde a questão de forma calma e ofereça uma solução. Isso pode transformar uma experiência negativa em uma oportunidade de demonstrar seu comprometimento com a satisfação do cliente.

ESTRATÉGIAS PARA MELHORAR A REPUTAÇÃO ONLINE

- **Conteúdo de qualidade:** Continue a produzir e compartilhar conteúdo valioso e educativo. Isso não apenas melhora seu SEO, mas também estabelece sua autoridade e confiabilidade no campo contábil.

- **Presença ativa nas redes sociais:** Uma presença ativa e positiva nas redes sociais pode melhorar significativamente sua reputação online. Compartilhe sucessos, histórias de clientes e participe de discussões relevantes.

- **Parcerias e colaborações:** Colabore com outras marcas respeitadas e profissionais da indústria para ampliar sua rede e melhorar sua visibilidade e reputação.

- **Transparência:** Seja transparente sobre seus serviços, preços e processos. A clareza ajuda a construir confiança com seus clientes e o público em geral.

DESAFIOS DA GESTÃO DE REPUTAÇÃO ONLINE

- **Gestão de crises:** Saber lidar com crises de reputação online de forma rápida e eficaz é crucial, mas pode ser desafiador sem a estratégia correta.

- **Manutenção contínua:** A gestão da reputação online não é um "configure e esqueça" - requer monitoramento e engajamento constantes.

- **Equilíbrio entre pessoal e profissional:** Encontrar o equilíbrio certo na sua presença online, mantendo-se profissional, mas acessível e humano, pode ser complicado.

Com sua reputação online solidificada, o próximo passo é expandir ainda mais sua rede de contatos profissionais através de networking e parcerias online. No próximo capítulo, "networking e parcerias online", exploraremos como você pode utilizar plataformas digitais para conectar-se com outros profissionais, estabelecer parcerias estratégicas e ampliar seu alcance e influência no setor contábil. Está pronto para levar sua rede de contatos profissionais para o próximo nível? Vamos prosseguir.

NETWORKING E PARCERIAS ONLINE

No dinâmico mundo contábil, desenvolver uma rede robusta de contatos profissionais e estabelecer parcerias estratégicas pode significar a diferença entre o sucesso e a estagnação. A internet oferece uma plataforma incomparável para ampliar sua rede e construir relações profissionais valiosas. Neste capítulo, vamos explorar como utilizar o networking e as parcerias online para expandir seu alcance, fortalecer sua marca e abrir novas oportunidades de negócios.

POR QUE O NETWORKING ONLINE É ESSENCIAL

- **Acesso ampliado:** A internet rompe barreiras geográficas, permitindo que você se conecte com profissionais e potenciais clientes em todo o mundo.

- **Visibilidade aumentada:** Ao participar ativamente de discussões online e colaborar com outros profissionais, você aumenta a visibilidade da sua marca pessoal e empresarial.

- **Oportunidades de aprendizado:** Networking online também oferece a chance de aprender com colegas, manter-se atualizado sobre tendências do setor e adquirir novas habilidades.

ESTRATÉGIAS PARA NETWORKING E PARCERIAS ONLINE EFICAZES

- **LinkedIn:** Mantenha seu perfil atualizado e seja ativo na plataforma, participando de grupos do setor, compartilhando conteúdo relevante e conectando-se com outros profissionais. O LinkedIn é também um excelente local para identificar e iniciar parcerias estratégicas.

- **Webinars e eventos virtuais:** Participar e, quando possível, apresentar webinars e eventos virtuais são formas poderosas de demonstrar sua expertise, ao mesmo tempo que amplia sua rede.

- **Colaborações de conteúdo:** Trabalhar em conjunto com

outros profissionais para criar conteúdo (blogs, vídeos, podcasts) não só fortalece suas relações, mas também dobra o alcance de sua mensagem.

- **Mídias sociais:** Além do LinkedIn, utilize outras plataformas de mídia social para engajar-se com a comunidade contábil, compartilhar insights e colaborar em projetos ou discussões.

- **Fóruns profissionais:** Participar de fóruns e comunidades online específicas do setor pode ser uma forma valiosa de estabelecer conexões com colegas que compartilham interesses e desafios semelhantes.

BENEFÍCIOS DAS PARCERIAS ONLINE

- **Compartilhamento de recursos:** Parcerias podem oferecer acesso a recursos e conhecimentos complementares, beneficiando ambas as partes.

- **Novos mercados:** Colaborar com parceiros pode abrir portas para novos mercados e segmentos de clientes que seriam difíceis de alcançar sozinho.

- **Fortalecimento da marca:** Associação com outras marcas respeitadas e profissionais pode reforçar sua credibilidade e autoridade no setor.

DESAFIOS DO NETWORKING E PARCERIAS ONLINE

- **Construção de relacionamentos autênticos:** Desenvolver relacionamentos genuínos e de longo prazo online pode levar tempo e requer uma comunicação eficaz e consistente.

- **Seleção de parceiros:** Identificar e escolher os parceiros certos requer diligência e alinhamento de valores e objetivos.

Após fortalecer sua rede de contatos profissionais e estabelecer parcerias estratégicas, é crucial navegar com cuidado nas águas do compliance e da ética digital. No próximo capítulo, "compliance e ética digital", discutiremos as melhores práticas para garantir que suas atividades online estejam em conformidade com regulamentos relevantes e mantenham os mais altos padrões éticos. Este conhecimento é essencial para proteger sua reputação e a confiança de seus clientes. Preparado para aprofundar-se em compliance e ética digital? Avançaremos juntos.

COMPLIANCE E ÉTICA DIGITAL

Navegar pelo ambiente online requer não apenas habilidade e conhecimento, mas também um compromisso firme com compliance e ética digital. Para contadores e profissionais de contabilidade, que operam em um setor altamente regulamentado e baseado na confiança, aderir a esses princípios é fundamental. Este capítulo aborda as melhores práticas para garantir que suas atividades online estejam em conformidade com os regulamentos aplicáveis e sustentem os mais altos padrões éticos.

ENTENDENDO COMPLIANCE E ÉTICA DIGITAL

- **Compliance digital:** Refere-se ao cumprimento de leis, regulamentos e diretrizes que governam a presença e as atividades online. Isso inclui proteção de dados, privacidade do usuário e regulamentações financeiras específicas do setor contábil.

- **Ética digital:** Envolve a condução de suas atividades online de maneira ética, respeitando os direitos e a dignidade dos outros, garantindo a autenticidade e a precisão das informações compartilhadas e mantendo a confidencialidade dos dados do cliente.

PRINCÍPIOS DE COMPLIANCE E ÉTICA DIGITAL

- **Proteção de dados e privacidade:** Assegure-se de que as políticas de privacidade do seu site estejam atualizadas e em conformidade com leis como GDPR na Europa e LGPD no Brasil. Implemente medidas robustas de segurança para proteger os dados dos clientes.

- **Transparência e autenticidade:** Seja transparente sobre seus serviços, taxas e processos. Garanta que todas as informações compartilhadas online sejam precisas e verificáveis.

- **Confidencialidade:** Mantenha a confidencialidade das informações do cliente, utilizando apenas plataformas seguras para comunicação e armazenamento de dados.

- **Respeito aos direitos autorais:** Utilize apenas conteúdo (imagens, textos, vídeos) para o qual você tem permissão ou que é livre de direitos autorais, e dê crédito apropriado quando usar o trabalho de outros.

IMPLEMENTANDO COMPLIANCE E ÉTICA DIGITAL

- **Educação continuada:** Mantenha-se informado sobre as últimas leis de privacidade e segurança de dados, bem como sobre as melhores práticas éticas para a presença online.

- **Auditorias regulares:** Realize auditorias regulares de sua presença online e práticas de manuseio de dados para identificar e corrigir possíveis vulnerabilidades ou não conformidades.

- **Políticas claras:** Desenvolva e implemente políticas claras de uso de dados e privacidade, tanto internamente quanto para seus clientes, e assegure que todos na sua organização estejam cientes e treinados nessas políticas.

- **Ferramentas e tecnologia:** Invista em tecnologia de segurança de ponta para proteger os dados do cliente e utilize ferramentas de gestão de consentimento para assegurar a conformidade com regulamentos de privacidade.

DESAFIOS DO COMPLIANCE E DA ÉTICA DIGITAL

- **Complexidade regulatória:** O panorama regulatório para a proteção de dados e a privacidade online está constantemente evoluindo, tornando o compliance um alvo móvel.

- **Riscos de segurança cibernética:** À medida que as tecnologias avançam, também avançam as técnicas dos cibercriminosos, representando um desafio contínuo para a segurança dos dados.

Com as bases de compliance e ética digital estabelecidas, o

próximo passo é utilizar webinars e seminários online como ferramentas para educar, engajar e expandir sua base de clientes. No próximo capítulo, "webinars e seminários online", exploraremos como planejar, promover e executar eventos online eficazes que possam reforçar sua autoridade no setor e impulsionar seu negócio. Pronto para capturar a atenção do seu público-alvo através de webinars? Avancemos.

WEBINARS E SEMINÁRIOS ONLINE

Webinars e seminários online se tornaram ferramentas indispensáveis para contadores e profissionais da área contábil que buscam educar, engajar e expandir sua base de clientes no ambiente digital. Eles oferecem uma maneira eficaz de compartilhar conhecimento, demonstrar expertise e interagir diretamente com seu público-alvo, tudo isso com um alcance global. Neste capítulo, exploraremos as etapas para planejar, promover e executar webinars e seminários online de sucesso.

PLANEJANDO SEU WEBINAR OU SEMINÁRIO ONLINE

- **Defina seu objetivo:** Seja educar sobre um novo regulamento fiscal, demonstrar um serviço de contabilidade ou simplesmente engajar com sua comunidade, ter um objetivo claro é essencial.

- **Escolha o tema certo:** O tema deve ser relevante e de interesse para seu público-alvo. Considere as perguntas mais frequentes dos clientes como inspiração.

- **Selecionando a plataforma:** Escolha uma plataforma de webinar que atenda às suas necessidades, considerando número de participantes, ferramentas de interação e funcionalidades de gravação.

- **Prepare seu conteúdo:** Desenvolva uma apresentação atraente e informativa. Inclua dados, estudos de caso e exemplos práticos para tornar seu webinar mais valioso.

PROMOVENDO SEU WEBINAR

- **Utilize seus canais:** Promova seu webinar em seu site, e-mail, redes sociais e outros canais de marketing digital.

- **Inscrição antecipada:** Incentive a inscrição antecipada oferecendo materiais bônus ou descontos em serviços para participantes.

- **Parcerias:** Considere colaborar com outros profissionais ou organizações para alcançar um público mais amplo.

EXECUTANDO SEU WEBINAR

- **Teste técnico:** Faça um teste técnico antes do evento para garantir que tudo funcione sem problemas, desde o áudio e vídeo até a partilha de ecrã.

- **Interaja com o público:** Use enquetes, sessões de perguntas e respostas e chat ao vivo para tornar o webinar interativo e engajador.

- **Feedback e follow-up:** Após o evento, envie um e-mail de agradecimento aos participantes com um link para a gravação do webinar e solicite feedback para melhorar eventos futuros.

BENEFÍCIOS DOS WEBINARS E SEMINÁRIOS ONLINE

- **Estabelecimento de autoridade:** Compartilhar seu conhecimento sobre temas contábeis complexos pode solidificar sua reputação como um especialista na área.

- **Geração de leads:** Webinars oferecem uma oportunidade de captar informações de contato de participantes interessados em seus serviços.

- **Custo-efetividade:** Comparados a eventos presenciais, webinars têm um custo relativamente baixo e podem ter um alcance muito mais amplo.

DESAFIOS DE WEBINARS E SEMINÁRIOS ONLINE

- **Engajamento do público:** Manter o público engajado virtualmente, especialmente em sessões mais longas, pode ser desafiador.

- **Questões técnicas:** Problemas técnicos podem surgir durante o evento, por isso é crucial ter um plano B em caso de falhas de conexão ou áudio.

Após dominar a arte de realizar webinars e seminários online de sucesso, o próximo passo é aprofundar na produção de materiais ricos como e-books, guias e infográficos. No próximo capítulo, "produção de materiais ricos", vamos discutir como esses recursos podem ser utilizados para atrair e converter leads, reforçando ainda mais sua autoridade no mercado. Está pronto para criar conteúdo que cativa e converte? Vamos avançar.

PRODUÇÃO DE MATERIAIS RICOS

A produção de materiais ricos, como e-books, guias e infográficos, é uma estratégia eficaz para atrair e converter leads, além de reforçar sua autoridade e presença no setor contábil. Esses recursos oferecem valor agregado significativo aos seus potenciais clientes, educando-os sobre tópicos importantes enquanto posicionam sua marca como uma fonte confiável de informações. Neste capítulo, exploraremos como você pode desenvolver e utilizar materiais ricos para maximizar seu impacto no marketing digital.

BENEFÍCIOS DOS MATERIAIS RICOS

- **Geração de leads:** Ao oferecer materiais ricos como downloads gratuitos, você pode capturar informações de contato valiosas de leads interessados.

- **Educação do cliente:** Fornecem uma oportunidade de educar seu público sobre complexidades do setor de uma maneira acessível e compreensível.

- **Reforço da marca:** Materiais bem produzidos e informativos ajudam a fortalecer sua marca, reforçando sua reputação como especialista no assunto.

PLANEJANDO SEUS MATERIAIS RICOS

- **Identifique as necessidades do seu público:** Escolha tópicos que ressoem com seu público-alvo, baseando-se em perguntas frequentes, desafios comuns ou temas emergentes no setor contábil.

- **Decida o formato:** Dependendo do seu público e do conteúdo, escolha o formato mais adequado. E-books e guias são excelentes para explorações aprofundadas de tópicos, enquanto infográficos são ideais para apresentar dados de forma visualmente atraente.

- **Produção de conteúdo:** O conteúdo deve ser claro, conciso e bem organizado. Utilize um design atraente e mantenha sua marca consistente em termos de estilo e tom.

DISTRIBUIÇÃO E PROMOÇÃO

- **Landing pages:** Crie landing pages específicas para cada material rico, destacando os principais benefícios e incluindo um formulário simples para captura de leads.

- **E-mail marketing:** Utilize sua lista de e-mails para promover seus materiais ricos diretamente aos seus contatos, incentivando o download ou a inscrição.

- **Redes sociais e anúncios pagos:** Promova seus materiais nas redes sociais e considere usar anúncios pagos para alcançar um público mais amplo.

MEDINDO O SUCESSO

- **Downloads e leads gerados:** Monitore quantas pessoas baixam seus materiais e quantos leads são gerados a partir dessas ações.

- **Engajamento e feedback:** Analise o engajamento nas redes sociais, comentários e feedback direto para avaliar a recepção do seu público.

- **Análise de conversão:** Acompanhe quantos dos leads capturados por meio de materiais ricos se convertem em clientes pagantes.

DESAFIOS NA PRODUÇÃO DE MATERIAIS RICOS

- **Recursos requeridos:** A produção de materiais de alta qualidade pode ser recurso-intensiva, tanto em termos de tempo quanto de orçamento.

- **Manutenção da relevância:** O setor contábil está sempre mudando, então é vital atualizar seus materiais para garantir que continuem relevantes e precisos.

Agora que você está equipado com o conhecimento para produzir materiais ricos que educam, engajam e convertem, o próximo passo é aprimorar suas habilidades de copywriting. No próximo capítulo, "técnicas de copywriting para contadores", focaremos em como escrever textos persuasivos que capturam a atenção do seu público, comunicam o valor dos seus serviços e incentivam a ação. Dominar o copywriting é essencial para maximizar o impacto de todos os seus materiais de marketing, desde a página inicial do seu site até seus e-mails e posts em redes sociais. Preparado para escrever de forma a converter mais leads em clientes? Vamos avançar.

TÉCNICAS DE COPYWRITING PARA CONTADORES

Dominar a arte do copywriting é crucial para contadores e profissionais da área contábil que desejam comunicar eficazmente o valor de seus serviços, engajar seu público-alvo e converter leads em clientes. Um texto persuasivo pode fazer toda a diferença, seja no conteúdo do seu site, em campanhas de e-mail marketing ou nas postagens de mídias sociais. Neste capítulo, exploraremos técnicas chave de copywriting que podem ajudar a aprimorar suas mensagens e maximizar seu impacto.

ENTENDENDO O PODER DO COPYWRITING

- **Comunicação clara e concisa:** No mundo da contabilidade, onde os conceitos podem ser complexos, é vital que sua comunicação seja clara e direta, evitando jargões que possam confundir os leitores.

- **Foco no benefício:** Seus textos devem sempre enfatizar os benefícios dos seus serviços para os clientes, respondendo à pergunta essencial: "O que há para mim?"

- **Chamadas para ação eficazes:** Cada peça de copy deve incluir uma chamada para ação (CTA) clara, incentivando o leitor a dar o próximo passo, seja agendar uma consulta, baixar um guia ou inscrever-se em uma newsletter.

TÉCNICAS DE COPYWRITING PARA CONTADORES

- **AIDA (Atenção, Interesse, Desejo, Ação):** Use esta estrutura clássica de marketing para guiar o leitor através de uma jornada, desde capturar sua atenção até incentivá-lo a agir.

- **Personalização:** Utilize dados e insights sobre seu público-alvo para personalizar sua mensagem, tornando-a mais relevante e atraente para segmentos específicos de clientes.

- **Prova social:** Inclua depoimentos de clientes, estudos de caso e avaliações para construir credibilidade e confiança em seus serviços.

- **Benefícios em vez de características:** Enfatize como seus serviços podem resolver problemas ou melhorar a situação do cliente, em vez de listar simplesmente as características dos seus serviços.

- **Use ganchos fortes:** Comece com aberturas poderosas que despertem curiosidade ou apresentem um benefício chave, para garantir que os leitores queiram continuar lendo.

- **Linguagem positiva:** Focar na linguagem positiva pode ajudar a criar uma sensação de otimismo e possibilidade, especialmente importante em comunicações relacionadas a finanças e contabilidade.

APLICANDO COPYWRITING EM DIFERENTES CANAIS

- **Website:** Seu site é frequentemente o primeiro ponto de contato com potenciais clientes. Certifique-se de que o copy em sua página inicial, sobre nós e serviços claramente comunica seu valor.

- **E-mail marketing:** Personalize seus e-mails para diferentes segmentos de sua lista, mantendo mensagens focadas e diretas, com CTAs claras.

- **Mídias sociais:** Adapte seu estilo de escrita para cada plataforma, mantendo o texto breve e atraente, com um foco forte no engajamento.

DESAFIOS DO COPYWRITING NA CONTABILIDADE

- **Equilibrar profissionalismo e acessibilidade:** Encontrar o tom certo que seja profissional, ainda assim acessível e envolvente, pode ser um desafio.

- **Manter-se atualizado:** O setor contábil está sempre mudando, requerendo que seu copy reflita as mais recentes tendências e regulamentações.

Agora que você entende como escrever copy persuasivo, o próximo passo é focar em otimizar seu site para conversão. No próximo capítulo, "otimização de conversão para sites de contabilidade", abordaremos estratégias para garantir que seu site não apenas atraia visitantes, mas também os converta em clientes. Estas técnicas irão ajudá-lo a melhorar a usabilidade do site, aprimorar a jornada do cliente e maximizar suas taxas de conversão. Pronto para transformar seu site em uma máquina de conversão? Vamos avançar.

OTIMIZAÇÃO DE CONVERSÃO PARA SITES DE CONTABILIDADE

A otimização de conversão é essencial para transformar o tráfego do seu site em clientes efetivos. Para contadores e profissionais da área contábil, um site otimizado pode significar a diferença entre um prospecto que navega e sai e um que toma a ação desejada, como agendar uma consulta ou se inscrever para receber uma newsletter. Neste capítulo, vamos explorar estratégias eficazes para melhorar a usabilidade do seu site, aprimorar a jornada do usuário e, consequentemente, aumentar suas taxas de conversão.

COMPREENDENDO A OTIMIZAÇÃO DE CONVERSÃO

A otimização de conversão (CRO) envolve a realização de ajustes no design e conteúdo do seu site para aumentar a porcentagem de visitantes que realizam uma ação específica. Isso pode variar desde preencher um formulário de contato até realizar uma compra (no caso de produtos digitais ou cursos online oferecidos por contadores).

ESTRATÉGIAS EFETIVAS DE CRO PARA CONTADORES

- **Análise de tráfego do site:** Use ferramentas como Google Analytics para entender como os visitantes interagem com seu site. Identifique páginas com alto tráfego, mas baixas taxas de conversão, como pontos de partida para otimização.

- **Design responsivo:** Garanta que seu site ofereça uma experiência de usuário fluida e intuitiva em todos os dispositivos, especialmente em smartphones e tablets.

- **Chamadas para ação claras:** Cada página do seu site deve ter uma chamada para ação (CTA) clara e visível, incentivando os visitantes a tomarem a próxima etapa na jornada do cliente.

- **Formulários simplificados:** Reduza o número de campos nos formulários de contato ou inscrição para o mínimo necessário, tornando o processo de conversão tão fácil quanto possível para os visitantes.

- **Prova social:** Inclua depoimentos, avaliações e estudos de caso de clientes satisfeitos para construir confiança e encorajar novos visitantes a se converterem.

- **Velocidade do site:** Otimize a velocidade de carregamento das páginas do seu site, pois a lentidão pode afetar negativamente as taxas de conversão.

- **Teste A/B:** Realize testes A/B em elementos-chave do seu site, como CTAs, headlines e imagens, para determinar quais versões geram as melhores taxas de conversão.

EXEMPLOS DE OTIMIZAÇÃO BEM-SUCEDIDA

- **Landing pages para serviços específicos:** Crie landing pages dedicadas para diferentes serviços de contabilidade, cada uma com mensagens e CTAs específicos direcionados ao público-alvo correspondente.

- **Barra de navegação simplificada:** Reduza a desordem na sua barra de navegação para focar nos links que direcionam os visitantes às ações mais importantes que você deseja que eles realizem.

- **Ofertas de valor claro:** Assegure que o valor dos seus serviços seja imediatamente claro para os visitantes, utilizando copy persuasivo que destaque os benefícios exclusivos que você oferece.

DESAFIOS NA OTIMIZAÇÃO DE CONVERSÃO

- **Encontrar o equilíbrio certo:** Demasiadas chamadas para ação ou informações podem sobrecarregar os visitantes, enquanto de menos podem não os incentivar suficientemente a agir.

- **Mudanças constantes:** O comportamento do usuário e as tendências de design web estão sempre mudando, exigindo que os contadores se mantenham atualizados e prontos para adaptar seus sites conforme necessário.

Equipado com estratégias para otimizar seu site para conversão, o próximo passo é inspirar-se em casos de sucesso no marketing digital para contadores.

No próximo capítulo, "estratégias de conteúdo segmentado", mergulharemos em como criar e distribuir conteúdo que ressoe especificamente com cada segmento do seu público, maximizando o engajamento e a conversão. Pronto para personalizar sua abordagem e alcançar resultados ainda melhores? Vamos prosseguir.

ESTRATÉGIAS DE CONTEÚDO SEGMENTADO

Para maximizar o impacto do seu marketing digital, é crucial adotar estratégias de conteúdo segmentado. Isso significa criar e distribuir conteúdo personalizado que atenda às necessidades, interesses e estágios específicos da jornada do cliente de diferentes segmentos do seu público-alvo. Esta abordagem não só aumenta a relevância e o engajamento, mas também a eficácia da conversão. Neste capítulo, exploraremos como você pode implementar estratégias de conteúdo segmentado eficazes para seu público na contabilidade.

COMPREENDENDO A SEGMENTAÇÃO DE CONTEÚDO

A segmentação de conteúdo envolve dividir seu público-alvo em grupos menores, ou segmentos, com base em critérios específicos, como setor de atuação, tamanho da empresa, necessidades contábeis, posição na jornada do cliente, entre outros. Isso permite que você personalize seu conteúdo para falar diretamente com as preocupações e interesses de cada grupo.

IMPLEMENTANDO ESTRATÉGIAS DE CONTEÚDO SEGMENTADO

- **Identifique seus segmentos de público:** Analise sua base de clientes e identifique padrões ou categorias comuns que possam ser usados para segmentar seu público. Isso pode incluir novos empreendedores, pequenas empresas, startups em tecnologia, etc.

- **Desenvolva personas do cliente:** Para cada segmento identificado, crie personas detalhadas que representem os clientes típicos dentro desse grupo. Inclua suas necessidades, desafios, objetivos e preferências.

- **Crie conteúdo personalizado:** Desenvolva conteúdo que aborde especificamente os interesses e necessidades de cada segmento. Por exemplo, um e-book sobre "Gestão financeira para Startups" para empreendedores de tecnologia ou um webinar sobre "Estratégias de Redução de Impostos para Freelancers".

- **Escolha os canais certos:** Dependendo do segmento, alguns canais de marketing podem ser mais eficazes do que outros. Identifique onde cada segmento do seu público passa mais tempo online e distribua seu conteúdo nesses canais.

- **Mensure e ajuste:** Use ferramentas analíticas para monitorar o desempenho do seu conteúdo segmentado. Analise o engajamento, conversões e feedback para ajustar suas estratégias conforme necessário.

BENEFÍCIOS DO CONTEÚDO SEGMENTADO

- **Maior relevância:** O conteúdo segmentado é percebido como mais relevante pelo seu público, aumentando o engajamento e a probabilidade de conversão.

- **Relacionamento fortalecido:** Ao demonstrar compreensão das necessidades específicas dos seus clientes, você fortalece o relacionamento com eles.

- **Eficiência de custos:** Focar seus esforços de marketing nos canais e mensagens que ressoam com cada segmento pode levar a um ROI mais alto, otimizando o uso dos seus recursos.

DESAFIOS DO CONTEÚDO SEGMENTADO

- **Complexidade na execução:** Desenvolver e gerenciar múltiplas linhas de conteúdo para diferentes segmentos pode ser complexo e exigir recursos adicionais.

- **Identificação de segmentos:** Determinar os segmentos mais eficazes e suas características únicas requer pesquisa e análise contínuas.

- **Manutenção da consistência da marca:** Garantir que o conteúdo segmentado ainda reflita a voz e os valores da sua marca pode ser um desafio quando se está personalizando mensagens para diversos públicos.

Agora que você entende como criar e implementar estratégias

de conteúdo segmentado, o próximo passo é integrar o feedback dos clientes nesse processo. No próximo capítulo, "feedback dos clientes", exploraremos como utilizar avaliações, comentários e dados de comportamento dos clientes para refinar e otimizar suas estratégias de conteúdo segmentado. Pronto para fechar o ciclo de feedback e aprimorar continuamente seu marketing digital? Vamos em frente.

FEEDBACK DOS CLIENTES

Integrar o feedback dos clientes nas suas estratégias de marketing digital é fundamental para o aprimoramento contínuo e o sucesso a longo prazo. Este capítulo foca em como coletar, analisar e utilizar o feedback dos clientes para refinar suas estratégias de conteúdo segmentado e outras iniciativas de marketing. Ao entender melhor as necessidades e as respostas do seu público, você pode ajustar sua abordagem para atender melhor aos seus clientes e otimizar a eficácia das suas campanhas.

COLETANDO FEEDBACK DOS CLIENTES

- **Pesquisas e questionários:** Envie pesquisas por e-mail após interações significativas, como o fechamento de um serviço ou a participação em um webinar, para coletar insights sobre a experiência do cliente.

- **Comentários nas redes sociais:** Monitore as redes sociais para capturar feedbacks e comentários dos clientes sobre seus serviços ou conteúdos compartilhados.

- **Análises de serviço:** Encoraje os clientes a deixarem avaliações sobre seus serviços em plataformas como Google Meu Negócio e LinkedIn.

- **Feedback direto:** Em conversas diretas com clientes, seja por reuniões virtuais ou chamadas telefônicas, aproveite a oportunidade para perguntar sobre suas experiências e sugestões para melhorias.

ANALISANDO O FEEDBACK

- **Identifique tendências:** Procure padrões nos feedbacks que indiquem áreas de sucesso ou oportunidades para melhorias.

- **Priorize o feedback:** Nem todo feedback exigirá ação, mas é importante identificar quais comentários representam as necessidades da maioria dos seus clientes.

- **Integração com estratégias de conteúdo:** Use o

feedback para informar a criação de conteúdo segmentado, garantindo que ele ressoe ainda mais com os diferentes segmentos do seu público.

UTILIZANDO O FEEDBACK PARA APRIMORAMENTO

- **Ajuste de conteúdo:** Refine seus materiais e mensagens com base nas necessidades expressas e no feedback dos clientes para aumentar a relevância e a eficácia.

- **Melhorias no serviço:** Além do conteúdo, considere como o feedback pode ajudar a melhorar os serviços oferecidos, desde a consulta inicial até a entrega final.

- **Desenvolvimento de novos serviços:** O feedback dos clientes pode revelar oportunidades para novos serviços ou produtos que atendam às demandas emergentes.

DESAFIOS NO USO DO FEEDBACK

- **Volume de feedback:** Gerenciar e analisar um grande volume de feedback pode ser desafiador, exigindo sistemas eficazes de coleta e análise de dados.

- **Feedback contraditório:** Às vezes, você pode receber feedbacks conflitantes, tornando difícil decidir qual direção seguir. Nesses casos, é útil considerar o feedback no contexto de seus objetivos de negócios mais amplos.

Com uma estratégia robusta de coleta e aplicação de feedback dos clientes em prática, o próximo passo é olhar para o futuro. No próximo capítulo, "futuro do marketing digital na contabilidade", exploraremos as tendências emergentes e como você pode preparar sua prática contábil para se adaptar e prosperar diante das mudanças no panorama digital. Pronto para antecipar o futuro e manter sua vantagem competitiva? Avancemos.

FUTURO DO MARKETING DIGITAL NA CONTABILIDADE

À medida que o mundo digital evolui, o marketing digital na contabilidade continua a enfrentar mudanças rápidas e significativas. Antecipar essas tendências e adaptar-se a elas é crucial para manter a competitividade e aproveitar novas oportunidades. Este capítulo foca em identificar tendências emergentes no marketing digital para contadores e como preparar sua prática contábil para prosperar no futuro.

TENDÊNCIAS EMERGENTES NO MARKETING DIGITAL CONTÁBIL

- **Inteligência artificial e aprendizado de máquina:** Estas tecnologias estão se tornando cada vez mais importantes para personalizar a experiência do cliente e otimizar campanhas de marketing digital. Ferramentas que automatizam a segmentação de clientes e personalizam conteúdo baseado no comportamento do usuário serão essenciais.

- **Marketing de voz:** Com o aumento do uso de assistentes de voz, otimizar seu conteúdo para pesquisa por voz se tornará uma necessidade, adaptando palavras-chave e conteúdo para se alinhar com as consultas faladas.

- **Vídeo marketing:** A preferência por conteúdo em vídeo continua a crescer. Vídeos curtos, webinars interativos e videoconferências personalizadas serão ferramentas chave para engajar clientes e prospects.

- **Privacidade de dados e compliance:** Com as crescentes preocupações sobre privacidade de dados e a implementação de regulamentações como GDPR, demonstrar transparência e conformidade em suas estratégias de marketing digital será ainda mais crítico.

- **Marketing omnichannel:** A integração de várias plataformas e canais para oferecer uma experiência coesa ao cliente, desde as redes sociais até e-mails e websites, será fundamental para alcançar o público de forma eficaz.

PREPARANDO-SE PARA O FUTURO

- **Educação contínua:** Mantenha-se atualizado sobre as últimas ferramentas, tecnologias e melhores práticas em marketing digital, participando de webinars, conferências e cursos.

- **Investimento em tecnologia:** Avalie e invista em ferramentas e plataformas que permitam a implementação de estratégias de marketing avançadas, como automação de marketing, análise de dados e personalização.

- **Parcerias estratégicas:** Considere formar parcerias com especialistas em marketing digital e tecnologia para expandir suas capacidades e inovar em suas estratégias.

- **Foco no cliente:** Continue a colocar as necessidades e preferências dos clientes no centro do seu planejamento de marketing, adaptando-se às mudanças no comportamento do consumidor e nas expectativas.

DESAFIOS ANTECIPADOS

- **Adaptação às mudanças tecnológicas:** Manter-se à frente na adoção de novas tecnologias pode ser desafiador devido ao rápido ritmo de inovação.

- **Balanceamento entre automação e personalização:** Encontrar o equilíbrio certo entre eficiência e personalização continua a ser um desafio à medida que mais processos são automatizados.

Agora que exploramos as tendências futuras do marketing digital na contabilidade, o próximo passo é garantir que você esteja no caminho certo. No próximo capítulo, "checklist de marketing digital para contadores", forneceremos uma lista abrangente para ajudá-lo a avaliar e otimizar sua estratégia de marketing digital atual. Esta ferramenta será essencial para assegurar que você esteja aproveitando ao máximo suas iniciativas de marketing digital. Pronto para revisar e revitalizar sua estratégia de marketing digital? Avancemos.

CHECKLIST DE MARKETING DIGITAL PARA CONTADORES

Para garantir que sua estratégia de marketing digital esteja alinhada com as melhores práticas e preparada para capturar oportunidades, é importante revisar regularmente suas atividades e planos. Este capítulo oferece um checklist abrangente para contadores e profissionais de contabilidade revisarem e otimizarem sua estratégia de marketing digital.

CHECKLIST DE MARKETING DIGITAL

1 - WEBSITE OTIMIZADO:

- Design responsivo para dispositivos móveis.
- Velocidade de carregamento rápida.
- Conteúdo atualizado e relevante.
- Chamadas para ação claras e visíveis.

2 - SEO (OTIMIZAÇÃO PARA MOTORES DE BUSCA):

- Palavras-chave relevantes para seu público-alvo.
- Conteúdo otimizado para SEO, incluindo títulos, metadescrições e tags alt em imagens.
- Estratégia de link building para melhorar a autoridade do domínio.

3 - MARKETING DE CONTEÚDO:

- Calendário editorial para blogs, vídeos e outros conteúdos.
- Conteúdo segmentado baseado em personas do cliente.
- Uso de storytelling para tornar o conteúdo mais envolvente.

4 - PRESENÇA NAS REDES SOCIAIS:

- Perfis atualizados e ativos nas plataformas relevantes

para seu público.

- Plano de postagens regulares e engajamento com o público.

- Monitoramento de menções à marca e respostas rápidas a comentários ou perguntas.

5 – E-MAIL MARKETING:

- Lista de e-mails segmentada com base no interesse ou estágio na jornada do cliente.

- Campanhas de automação para nutrir leads.

- Análise regular das métricas de desempenho, como taxas de abertura e clique.

6 - ANÚNCIOS ONLINE:

- Campanhas de PPC (pagamento por clique) bem direcionadas no Google Ads ou em plataformas sociais.

- Análise e ajuste contínuo de campanhas com base no desempenho.

- Teste A/B de anúncios para otimizar as conversões.

7 - ANÁLISE E MÉTRICAS:

- Uso do Google Analytics para monitorar tráfego, fontes e comportamento no site.

- Análise do ROI de diferentes canais e campanhas de marketing.

- Ajustes estratégicos com base em insights de dados.

8 - FEEDBACK E ADAPTAÇÃO:

- Coleta regular de feedback dos clientes através de pesquisas ou análise de interações online.

- Adaptação da estratégia de marketing com base no feedback e nas tendências do mercado.

9 - COMPLIANCE E ÉTICA DIGITAL:

- Revisão regular das políticas de privacidade e conformidade com regulamentos, como GDPR.

- Garantia de que todas as práticas de marketing respeitam os princípios éticos.

Este checklist serve como um guia para manter sua estratégia de marketing digital alinhada com as práticas recomendadas e adaptada às necessidades em evolução do seu público-alvo. A revisão e otimização regulares desses elementos garantirão que suas iniciativas de marketing sejam eficazes e eficientes, ajudando a alcançar seus objetivos de negócios.

Após revisar e ajustar sua estratégia com base no checklist, o próximo passo é implementar as mudanças necessárias. No próximo capítulo, "plano de ação de 30 dias", delinearemos um guia passo a passo para colocar em prática sua estratégia de marketing digital revitalizada, assegurando um início rápido e eficaz para ver resultados reais. Preparado para dar os próximos passos e transformar sua prática contábil? Vamos em frente.

PLANO DE AÇÃO DE 30 DIAS

Após refinar sua estratégia de marketing digital com base no checklist abrangente, é hora de colocar essas melhorias em prática. Um plano de ação de 30 dias pode ser extremamente eficaz para iniciar mudanças significativas, permitindo que você veja resultados tangíveis em um curto período. Este capítulo oferece um guia passo a passo para implementar as atualizações e otimizações necessárias em sua estratégia de marketing digital.

SEMANA 1: AVALIAÇÃO E PLANEJAMENTO

- **Dia 1-2:** Realize uma auditoria completa do seu site atual e de sua presença nas redes sociais para identificar áreas que precisam de melhorias imediatas.

- **Dia 3-4:** Defina objetivos claros para o que você deseja alcançar com sua estratégia de marketing digital nos próximos 30 dias. Esses objetivos devem ser específicos, mensuráveis, alcançáveis, relevantes e limitados no tempo (SMART).

- **Dia 5-7:** Elabore um calendário de conteúdo para o blog do seu site, e-mails marketing e postagens nas redes sociais para os próximos 30 dias.

SEMANA 2: IMPLEMENTAÇÃO E OTIMIZAÇÃO

- **Dia 8-10:** Atualize o design e o conteúdo do seu site para garantir que ele seja responsivo, rápido e otimizado para SEO.

- **Dia 11-14:** Inicie a produção e publicação do conteúdo planejado. Isso inclui escrever posts no blog, preparar e-mails marketing e criar postagens para as redes sociais.

SEMANA 3: PROMOÇÃO E ENGAJAMENTO

- **Dia 15-17:** Configure ou otimize suas campanhas de anúncios online, incluindo Google Ads e anúncios em plataformas de redes sociais, focando nos seus principais segmentos de público.

- **Dia 18-21:** Aumente o engajamento nas redes sociais interagindo com seguidores, respondendo a comentários e participando de conversas relevantes.

SEMANA 4: ANÁLISE E AJUSTE

- **Dia 22-24:** Utilize ferramentas analíticas para revisar o desempenho do conteúdo publicado, das campanhas de anúncios e da interação nas redes sociais. Identifique o que está funcionando bem e o que precisa ser ajustado.

- **Dia 25-27:** Faça ajustes nas estratégias com base nas análises, seja modificando o conteúdo, pausando campanhas de anúncios de baixo desempenho ou reforçando as que estão funcionando bem.

- **Dia 28-30:** Planeje o próximo mês com base nos insights adquiridos, ajustando o calendário de conteúdo e estratégias de marketing conforme necessário.

Este plano de ação de 30 dias é um ponto de partida para colocar sua estratégia de marketing digital aprimorada em movimento. A chave para o sucesso contínuo é a capacidade de iterar rapidamente - utilizando feedback, dados analíticos e tendências do mercado para informar decisões futuras e otimizar continuamente sua abordagem de marketing.

Ao seguir este plano, você estabelecerá uma base sólida para suas iniciativas de marketing digital, criando momentum para crescimento futuro e refinamento contínuo de suas estratégias. Lembre-se, o marketing digital é um processo dinâmico; estar disposto a adaptar-se e inovar é fundamental para alcançar e manter o sucesso a longo prazo.

Ao virarmos a última página desta jornada juntos, espero sinceramente que os aprendizados compartilhados aqui tenham tocado seu coração e despertado novas perspectivas. Se este livro lhe trouxe algum valor, peço gentilmente que dedique alguns momentos para deixar sua avaliação na Amazon. Suas palavras não apenas me ajudam a crescer e aprimorar minha arte, mas também guiam outros leitores em suas buscas por conhecimento e inspiração. Sua opinião é um presente valioso, tanto para mim quanto para a comunidade de leitores em busca de histórias que transformam. Agradeço de coração por compartilhar esta jornada comigo e espero que possamos nos encontrar novamente nas páginas de uma nova aventura.

REGINALDO OSNILDO

REGINALDO OSNILDO

Olá, sou Reginaldo Osnildo, autor e inovador nas áreas de vendas, tecnologia, e estratégias de comunicação. Minha experiência abrange desde o ambiente acadêmico, como professor e pesquisador na Universidade do Sul de Santa Catarina, até a prática como estrategista no Grupo Catarinense de Rádios. Com um doutorado em narrativas de vendas e convergência digital, e um mestrado em storytelling e imaginário social, eu trago para meus leitores uma fusão única entre teoria e prática. Meu objetivo é fornecer conhecimento em uma linguagem simples, prática e didática, incentivando a aplicação direta na vida pessoal e profissional.

Atenciosamente

Prof. Dr. Reginaldo Osnildo

+55 48 991913865

reginaldoosnildo@gmail.com

www.ingramcontent.com/pod-product-compliance
Lightning Source LLC
Chambersburg PA
CBHW071102240526
45471CB00016B/2305